Sei Deine eigene Grafikerin
& MACH DEIN DESIGN SELBST!

Finde Farben, Schriften, Formen & Bilder
für Dein Unternehmen!

Workbook

VERENA SATI

IMPRESSUM

© Verena Sati 2017

Verena Sati
Bobstr. 18
50676 Köln

ISBN 978-1-944260-09-5

Entwicklung, Konzept, technische Umsetzung
und Gestaltung des gesamten Workbooks: Verena Sati
www.verenasati.de

Das Werk, einschließlich aller Teile, ist urheberrechtlich geschützt. Jede Verwertung außerhalb der Grenzen des Urheberrechtsgesetzes ist ohne Zustimmung des Herausgebers unzulässig und strafbar. Dies gilt insbesondere für Vervielfältigungen, Übersetzungen, Microverfilmungen und die Verarbeitung in elektronischen Systemen, Verbreitung und öffentliche Zugänglichmachung.

INHALT

Einleitung 5

Schritt 1 - Grafikdesign kennenlernen 11

Schritt 2 - Klarheit schaffen 15

Schritt 3 - Die Inspirationswörter 31

Schritt 4 - Finde Deine Farben 35

Schritt 5 - Finde Deine Schriftart 41

Schritt 6 - Finde Deine Formen 51

Schritt 7 - Finde Deine Bilder 59

Schritt 8 - Dein Design entsteht 67

Schritt 9 - Layouts entwickeln 77

Eine Prise Motivation 87

EINLEITUNG
Wie die Idee zu diesem
Buch entstanden ist.

ÜBER MICH - VERENA SATI

GRAFIKDESIGN IST MEINE LEIDENSCHAFT

Ich bin jeden Tag kreativ.

Grafikdesign ist nicht nur mein Beruf, es ist meine Leidenschaft. **Durch Grafikdesign kann ich meine Mission sichtbar machen.**

Grafikdesign hilft Dir das sichtbar zu machen, was Du der Welt sagen möchtest. In Deinem Fall die Botschaft Deines Unternehmens und Deine eigene Mission, die Dich jeden Tag antreibt, weiter zu machen.

Für meine Kundinnen schaffe ich jeden Tag neue Designs, die ihre Traumkunden anziehen und in Erinnerung bleiben. Durch meine 6-jährige Selbstständigkeit habe ich die ganzen Prozesse genau kennen gelernt.

Ich weiß, was es braucht, um Dein Design zielgerichtet funktionieren zu lassen. Es braucht einen Sinn und etwas hinter dem ganzen schönen Aussehen.

Jetzt ist es an der Zeit, dass ich mit Dir meine Erfahrungen, Tipps und Tricks teile.

Mein Ziel ist es, dass Du Dein Design so gestalten kannst, dass es schön aussieht und wirklich funktioniert.

Du verdienst die Kunden, die zu Dir und Deinem Unternehmen passen. Dadurch ist ein Auftrag nicht nur ein Auftrag, sondern ein Projekt, welches Dich weiter bringt, wachsen lässt und Deine Kunden inspiriert.

ZIEL DIESES WORKBOOKS

SEI DEINE EIGENE GRAFIKERIN!

Motivation und den Sinn dahinter erkennen: Das sind die ersten Dinge, die ich durch dieses Workbook in Dir erwecken möchte.

Das Workbook soll Dir zeigen, wie viel mehr hinter einem Design steckt.

In diesem Buch baust Du Wissen darüber auf,

- warum Du eine Farbe verwendest.
- welche Schriftart passend ist.
- wie Du Deine Formen festlegst.
- wie Bilder Dein Design unterstützen.

Wenn Du den Sinn dahinter für Dich gefunden hast, dann wird Dein Design endlich 100%-ig zu Dir gehören, Dich und Dein Unternehmen zeigen, und so genau die Kunden anziehen, die mit Dir zusammenarbeiten wollen.

Ein Design zu gestalten, welches einfach nur schön aussieht, ist leicht.

Aber ein Design zu entwickeln, welches einen tieferen Sinn hat und dies auch zeigt, ist die Kunst.

Dein Design braucht eine Aussage und Botschaft. Es muss funktionieren und überzeugen.

Wie das geht?

Das findest Du Schritt für Schritt mit diesem Buch heraus.

EINLEITUNG

WORKBOOK - GEBRAUCHSANWEISUNG

ODER: WIE DU ALLES AUS DIESEM BUCH HERAUSHOLST!

Dieses Buch ist nicht dazu da, dass Du es in die Ecke oder auf Deinen Tisch legst.

Wenn Du wirklich Dein Design für Dich und Dein Unternehmen entwickeln willst, dann ist jetzt der Zeitpunkt damit zu beginnen.

Nutze dieses Buch auf jeder Seite aus. Ja, Du hast richtig gelesen.

Es ist ein Workbook und Du sollst es komplett von vorne bis hinten durcharbeiten.

Nur so weiß ich, dass Du mit Deinem Design einen großen Schritt weiter kommen wirst.

Mit jeder neuen Seite wirst Du mehr Klarheit finden und erkennen, wieviel Sinn hinter einem durchdachten Design steckt.

EINLEITUNG

WELCHE AUFGABEN ERWARTEN DICH?

SCHRITT FÜR SCHRITT ZUM DESIGN

Ich habe Dir dieses Buch vollgepackt mit hilfreichen Aufgaben, die Dich Schritt für Schritt zu Deinem Design führen.

Am sinnvollsten ist es, wenn Du das Buch nacheinander durchgehst. Denn so hast Du den Ablauf, den ich selbst bei meinen Kundenprojekten anwende.

WELCHE AUFGABEN ERWARTEN DICH?

1. Finde Deine Mission / Deinen Traum
2. Finde Deine Zielgruppe
3. Finde Deine Botschaft
4. Plane Deine Strategie

5. Finde Deine Farben
6. Finde Deine Schriftart
7. Finde Deine Formen
8. Finde Deine Bilder

9. Setze Dein Design zusammen
10. Entwickle die ersten Layouts

11. Eine Prise Motivation

IDEENRAUM

Male, zeichne und schreibe alles auf,
was Dir durch den Kopf geht.

SCHRITT 1
GRAFIKDESIGN
KENNENLERNEN
STRATEGIE, KUNST & KREATIVITÄT

GRAFIKDESIGN – WAS IST DAS?

NUR SCHÖN ODER MEHR?

Manche nennen es Markendesign, Corporate Design oder Grafikdesign. Es hat verschiedene Namen und oft meinen alle das Gleiche.

Denn im Grunde geht es immer um das Design für Dein Unternehmen.

Wie zeigt sich Dein Unternehmen nach Aussen?

Die Frage beantworten viele Unternehmerinnen ganz schnell:

„Ich mag Grün, also ist meine Unternehmensfarbe Grün. Ich mag Schnörkelschrift, also nehme ich diese Schrift, und ja, Babys liebe ich, also kommen auf meine Flyer für Finanzverwaltung Babys drauf. Sieht doch süss aus oder?"

Leider vergessen sie eines: Keiner versteht, was der Sinn ihres Designs ist. Nur sie selber. Was passiert dann: Die Kunden bleiben aus. Denn sie wissen nicht was angeboten wird und können sich nicht damit identifizieren.

Als Beispiel von mir: Ich habe im ersten Jahr meiner Selbstständigkeit als Grafikerin mit der Anzeige rechts geworben. Heute frage selbst ich mich, was ich damit ausdrücken wollte. Was hat Grafikdesign oder ich mit einem Frosch zu tun? Gar nichts! (Hoffentlich ...)

Grafikdesign muss also mehr sein. Es muss schön aussehen, zu Dir und Deinem Unternehmen passen, Deine Botschaft klar und einfach zeigen, Deiner Zielgruppe in Erinnerung bleiben und sie anziehen, damit sie zu Deinen Kunden zu werden. Puuh, ganz schön viele Aufgaben.

Kurz gesagt:

Grafikdesign muss Deine Botschaft zeigen und funktionieren.

GRAFIKDESIGN KENNEN LERNEN

Eine alte Anzeige von mir, als ich meine Selbstständigkeit vor 6 Jahren gestartet habe ...

GRAFIKDESIGN - WOFÜR BRAUCHST DU ES?

ZEIG DOCH EINFACH WAS DU MACHST!

Dein Design bietet Dir eine große Möglichkeit: Den Menschen auf einen Blick zu zeigen, was Du machst und wer Du bist. Sie können daran erkennen, was sie für eine Lösung bei Dir finden und sich mit Dir identifizieren.

Du kannst es nutzen, um darzustellen was Du für eine Mission und Botschaft hast.

Was tust Du für Deine Kunden?

Durch Farben, Schriften, Formen und Bilder gibst Du den Menschen die Chance schnell wahrzunehmen was Dich ausmacht.

Gerade in der heutigen Zeit ist es wichtig, dass Du Dich von der Masse abhebst. Durch ein professionelles Design schaffst Du genau diesen Schritt.

Die Menschen nehmen alles nur noch schnell wahr und wollen nicht erst lange Texte lesen.

Der erste Eindruck zählt - gerade beim Design Deines Unternehmens.

IDEENRAUM

Male, zeichne und schreibe alles auf,
was Dir durch den Kopf geht.

SCHRITT 2
KLARHEIT SCHAFFEN
WER BIST DU FÜR WEN?

KLARHEIT SCHAFFEN

DEIN TRAUM | DEINE MISSION

FOKUSSIERE DICH AUF DEIN ZIEL

Deine Mission baut sich aus Deinem Traum auf. Warum willst Du den Menschen helfen? Sobald Du Dich mehr auf Dein großes Ziel konzentrierst wirst Du merken, dass es leichter wird alle weiteren Schritte zu planen. Deswegen beginnen wir jetzt direkt mit ein paar Fragen, die Dich zu Deiner Mission führen. Am Ende fasst Du Deine Mission zusammen. Wenn Du sie immer wieder sehen möchtest, dann schreibe sie auf ein Blatt Papier und klebe es an eine Stelle, wo Du jeden Tag hinsehen kannst.

So bleibst Du motiviert und fokussiert!

WIE UND WO SIEHST DU DICH IN EINEM JAHR?

_____
_____
_____

WAS WÜRDEST DU GERNE JEDEN TAG TUN?

_____
_____
_____
_____

KLARHEIT SCHAFFEN

WAS WILLST DU IN DEM LEBEN DEINER KUNDEN VERÄNDERN?

_____
_____
_____
_____

WELCHE FÄHIGKEITEN PRÄGEN DICH BESONDERS?

_____
_____
_____
_____

WIE KANNST DU MIT IHNEN DEN MENSCHEN HELFEN?

_____
_____
_____
_____
_____

KLARHEIT SCHAFFEN

DEINE MISSION PRÄGT DEIN DESIGN

WOZU DU EINE MISSION BRAUCHST

Ziele zu haben ist im Leben gut. Beim Design gilt das ebenso. Dein Ziel wird für Dich klarer, wenn Du Dir Deiner Mission bewusst wirst. Wenn Du weißt, warum Du das hier alles machst: Deine Selbstständigkeit, Deine Dienstleistungen und Produkte, Dein Design, Deine Traumkunden finden usw. Deine Mission zeigt Dir, bei allen Deinen Aufgaben, Deinen Weg. Sie ist das erste Detail, welches Dich zu Deinem persönlichen Design führt. Deswegen ist es wichtig, dass Du Deine Mission so kurz und einfach wie möglich aufschreibst. Dadurch kannst Du sie Dir leichter einprägen und jeden Tag umsetzen.

Jeder noch so kleine Schritt, den Du für Dein Unternehmen machst, ist ein weiterer Schritt auf dem Weg Deiner Mission. Unten findest Du ein Beispiel für meine Mission, und auf der nächsten Seite genug Platz, um Deine Mission festzuhalten.

Deine Mission muss nicht jeder kennen. Du kannst sie natürlich für Dein Design nutzen, auch bestimmte Teile daraus. Jedoch ist sie in erster Linie für Dich da, um Dir Dein großes Ziel zu zeigen.

Meine Mission - Verena Sati
Ich möchte Unternehmerinnen zeigen, wie Sie ihr Design selbst gestalten können. Sie zu ihrer eigenen Grafikerin machen. Mir ist es wichtig, dass sie den Spaß an ihrem Design finden und mit Motivation ihr eigenes Design entwickeln können.

KLARHEIT SCHAFFEN

SCHREIBE DEINE MISSION AUF
Fasse in 1-3 Sätzen Deine Mission zusammen.

_____

_____

_____

_____

_____

_____

_____

Teile Deine Mission mit mir und vielen anderen Unternehmerinnen:
Twitter - @MedienwerkM
Facebook-Community - „Bock auf grenzenloses Marketing"

Damit Du später leichter Dein Design findest, ist hier Platz für ein Wort. Ein Wort, welches Deine Mission beschreibt. Gut wäre ein Wort, welches ein bestimmtes Gefühl oder ein Ziel symbolisiert. Zum Beispiel: Motiviert, hilfreich, erfolgreich, kreativ, liebevoll oder einprägsam.

DAS WORT FÜR DEINE MISSION:

KLARHEIT SCHAFFEN

ZIELGRUPPE FINDEN UND KENNENLERNEN

WEM WILLST DU MIT DEINER LÖSUNG HELFEN?

Deine Mission ist klar, jetzt findest Du heraus, für wen Du Deine Lösung anbieten möchtest.

Deine Zielgruppe solltest Du so gut kennen wie Deine besten Freunde, vielleicht sogar besser. Einfacher wird es, wenn Du Dir keine Masse vorstellst, sondern eine einzige Person. Du kannst die Person auch zeichnen oder Fotos suchen, die so sind wie Deine Traumkundin. Setze Dich in Gedanken mit ihr an einen Tisch und frage sie aus:

GESCHLECHT
☐ Weiblich   ☐ Männlich

ALTER
(Bsp: 27 - 45 Jahre)

NATIONALITÄT

RELIGION

FAMILIENSTAND

KINDER
☐ Ja   ☐ Nein   Anzahl

ABSCHLUSS

BERUF

EINKOMMEN

WOHNORT

HOBBY

LIEBLINGSORT

KLARHEIT SCHAFFEN

WELCHE TRÄUME UND WÜNSCHE HAT DIE PERSON?

_____

_____

WAS IST DAS GRÖSSTE ZIEL DER PERSON?

_____

_____

WAS SIND IHRE GRÖSSTEN PROBLEME / SCHWIERIGKEITEN?

_____

_____

WAS SIND IHRE GRÖSSTEN ÄNGSTE UND SORGEN?

_____

_____

WAS FRUSTRIERT SIE? WARUM LEBT SIE NICHT IHREN TRAUM?

_____

_____

KLARHEIT SCHAFFEN

WONACH STREBT SIE IM LEBEN?

_____

_____

WORAN ORIENTIERT SIE SICH? (ELTERN, FREUNDE, VORBILDER)

_____

_____

WIE KANNST DU IHR HELFEN? WOMIT KANNST DU IHR HELFEN?

_____

_____

WAS WÜRDE SIE FÜR EINE VERÄNDERUNG ALLES MACHEN?

_____

_____

WAS HAT SIE SCHON ALLES VERSUCHT?

_____

_____

KLARHEIT SCHAFFEN

LERNE SIE SO GUT DU KANNST KENNEN

Alles was Du über Deine Zielperson herausfindest, hilft Dir, bei Deinem neuen Design. Denn, wenn Du zum Beispiel die Ängste kennst, dann kannst Du etwas zur Lösung dieser Ängste anbieten. Außerdem kannst Du so das Design bezüglich Farben, Schrift und Formen abstimmen. Für Teenager würdest Du ein anderes Design entwickeln, als für Unternehmerinnen.
Hier hast Du jetzt noch einmal Platz, um frei etwas zu Deiner Zielperson zu schreiben:

_____

_____

_____

_____

_____

_____

_____

_____

KLARHEIT SCHAFFEN

DEINE BOTSCHAFT FINDEN

WER BIST DU FÜR WEN?

Wenn Du Deine Mission gefunden hast und Deine Zielperson interviewt hast, dann geht es zum nächsten Schritt. Wie sagst Du Deiner Zielperson, was Du für sie machst? Dies kannst Du durch die Botschaft formulieren und zeigen. Deine Botschaft setzt sich aus dem zusammen, wer Du bist, was Du machst (Mission, Angebot) und für wen Du dies tust. Je klarer Deine Mission ist, desto besser kannst Du sie in Deiner Werbung nutzen. Deine Zielperson wird Dich dadurch sofort verstehen und Interesse aufbauen. Nicht alle Elemente müssen enthalten sein. Wichtig ist, dass klar Dein Ziel erkennbar ist.

WER BIST DU?

_____

_____

WAS BIETEST DU AN? (DEIN ANGEBOT, DEINE MISSION)

_____

_____

FÜR WEN BIST DU DA? (ZIELPERSON)

_____

_____

_____

KLARHEIT SCHAFFEN

BOTSCHAFT FORMULIEREN

Schreibe bei den Fragen auf der anderen Seite kurze Antworten. So lässt sich das ganze hinterher besser in eine Botschaft packen.

Im nächsten Schritt geht es nämlich darum, dass Du Deine Botschaft in 1-2 Sätzen formulierst.

SEI DEINE EIGENE GRAFIKERIN UND MACH DEIN DESIGN SELBST!

Verena Sati - www.verenasati.de

WENN DU BOCK HAST, MIT DEINEM UNTERNEHMEN RICHTIG WAS ZU REISSEN, NUTZE DIE KRAFT DES ONLINE-MARKETINGS!

Maria Fritsch - www.mariafritsch.de

SCHREIBE DEINE BOTSCHAFT AUF
So klar wie möglich in 1-2 Sätzen.

_____

_____

_____

_____

Teile Deine Botschaft mit mir und vielen anderen Unternehmerinnen: Twitter - @MedienwerkM
Facebook-Community - „Bock auf grenzenloses Marketing"

KLARHEIT SCHAFFEN

STRATEGIE AUFBAUEN

MISSION, ZIELGRUPPE, BOTSCHAFT - WOZU DAS GANZE?

Wenn Du die vorherigen Seiten durchgegangen bist und Dich bewusst mit den Themen auseinander gesetzt hast, dann wirst Du jetzt schon ein klareres Bild von Deinem Unternehmen in Dir haben. Diese Basics helfen Dir die nächsten Planungen und Dein Design leichter zu entwickeln.

Du hast jetzt viele Fragen beantwortet, die bei Deiner Strategieplanung und der Gestaltung Deines Designs wichtig sind. Um Dir das zu zeigen, gehe einfach die nächsten Fragen durch. Du wirst am Ende Deine Strategie wesentlich klarer formuliert haben.

WAS IST DEINE NÄCHSTE AUFGABE?

Als nächstes möchte ich, dass Du Deine Botschaft verbreitest. Du musst raus gehen und deine Zielperson finden, um sie ihr mitzuteilen. Dazu sind die nächsten Fragen hilfreich:

> Je intensiver Du Deine Mission, Zielgruppe und Botschaft ausgearbeitet hast, desto klarer kannst Du Deine Strategie festlegen.

WO FINDEST DU DEINE ZIELGRUPPE?

_____
_____
_____
_____

KLARHEIT SCHAFFEN

— Beispiel —

ONLINE	SOCIAL-MEDIA	MESSEN
OFFLINE	BLOGS	VERANSTALTUNGEN
UNTERNEHMEN	NETZWERKE	RADIO
VEREINE	PLATTFORMEN	FERNSEHEN
SCHULEN	VORTRÄGE	KINO
GESCHÄFTE	HOBBY-AKTIVITÄTEN	
ZU HAUSE	PERSÖNLICHE KONTAKTE	

WELCHE ART VON WERBUNG KANNST DU DORT MACHEN?

_____

_____

_____

_____

— Werbearten —

ONLINE
Bloggen
Video
Podcast
Webinare
Facebookwerbung
GoogleAdWords
Newsletter
E-Mailfunnel

OFFLINE
Flyer
Visitenkarten
Zeitungen
Banner
Plakate
Messestände
Schaufenster
Mailings

NETZWERKEN
Visitenkarten
Kooperationen
Partnerschaften
Vorträge

MESSEN
Messestand
Visitenkarten
Flyer
Broschüren
Netzwerken
Give-Aways

KLARHEIT SCHAFFEN

WANN ERREICHST DU DEINE ZIELGRUPPE?

Teile es z.B. nach Uhrzeiten, Tagen, Wochen, Jahreszeiten auf.
Dadurch erkennst Du, wann Du Deine Werbung aktiv verbreiten musst.

_____

_____

_____

_____

WELCHE ART VON WERBUNG KANNST DU REGELMÄSSIG MACHEN?

Kannst Du Online aktiv sein und Offline ebenso bestimmte Orte bewerben?
Suche Dir am Anfang 2-3 Orte zum Werben aus und verbreite dort regelmäßig
Deine Werbung. Zu viele Orte überfordern Dich und bauen keine
konstante Beziehung zu Deiner Zielgruppe auf. Deswegen nutze lieber
2-3 Kanäle und sei dort regelmäßig aktiv zu den Zeiten,
in denen Deine Zielgruppe dort ist.

_____

_____

_____

_____

BAUE DEINE STRATEGIE AUF

Aus den vorherigen Fragen kannst Du jetzt Deine Strategie aufbauen. Du weißt jetzt:

- Wo Deine Zielgruppe ist
- Welche Art von Werbung dort passt
- Wann Du Deine Zielgruppe erreichst
- Welche Art von Werbung Du regelmäßig machen kannst

EIN PLAN FÜR DEINE STRATEGIE

Jetzt erstellst Du Dir dazu einen Plan mit den einzelnen Punkten und baust Dir dann die Unterpunkte auf, durch die Du Deinen Plan Schritt für Schritt verwirklichen kannst. Zum Beispiel kannst Du überlegen, was Du für Deine Onlinewerbung oder Offlinewerbung machen möchtest. Du musst nicht alle Punkte davon direkt machen.

Fang zum Beispiel Online mit einem Blog an und Offline mit der Verteilung von Flyern. Dann kannst Du die Strategie jeweils anpassen. Denn nach einer gewissen Zeit weißt Du genau, was für Dich funktioniert und Dich wirklich weiter bringt.

IDEENRAUM

Male, zeichne und schreibe alles auf,
was Dir durch den Kopf geht.

SCHRITT 3
DEINE INSPIRATIONSWÖRTER
WAS SOLL DEINE ZIELGRUPPE FÜHLEN?

weiblich	hart	kalt	bewegt	gesund
männlich	strukturiert	elegant	technisch	emotional
modern	motivierend	facettenreich	frei sein	stolz
antik	inspirierend	familiär	ruhig	jugendlich
fröhlich	klar	clean	weich	frisch
leicht	warm	kreativ	natürlich	aktiv

DEINE INSPIRATIONSWÖRTER

WIE DIR DREI WÖRTER HELFEN

WAS ZEICHNET DEIN UNTERNEHMEN AUS?

Dein Design soll die Emotionen Deiner Zielgruppe wecken. Das gelingt Dir am Besten, wenn Du weißt, welche Emotionen Dein Unternehmen ausstrahlen soll. In diesem Kapitel wirst Du die drei Wörter finden, die Dir bei allen weiteren Schritten helfen Dein Design zu finden. Überlege genau, welche Charaktereigenschaften und Gefühle sich mit Deinem Unternehmen verbinden lassen. Die Drei Wörter sind für Dich Deine Spur, die Dich immer wieder in die richtige Richtung lenken.

EIGENSCHAFTEN DEINES UNTERNEHMENS - ODER: WOFÜR STEHST DU? WAS IST DIR WICHTIG?

Schreibe z.B. auf wie Dein Kundenumgang ist, mit welchem Gefühl Du Kundenprojekte und Produkte entwickelst, was Dein Anspruch an Deine Arbeit ist.

Beispiele:
- Ich möchte Frauen helfen ihr Design zu finden
- Kreative Designs für meine Kunden zu entwickeln, ist mein Ziel.
- Ich möchte Grafikdesign klar und einfach erklären.

_____

_____

_____

_____

_____

_____

DEINE INSPIRATIONSWÖRTER

_____

_____

_____

_____

_____

DREI WÖRTER, DIE DEIN UNTERNEHMEN ZEIGEN

DIE HAUPTWÖRTER FINDEN UND FESTLEGEN

Sobald Du das ganze ausführlich aufgeschrieben hast, werden Dir bestimmte Worte immer wieder auffallen.

In meinen Beispielen auf der vorigen Seite sind es zum Beispiel:

- Feminin (Frauen)
- Kreativ
- Klar

Anhand dieser drei Wörter findest Du auf den nächsten Seiten Deine Farben, Schriften, Formen und Bilder.

Jetzt bist Du dran:
WAS SIND DEINE DREI WÖRTER?

Denke auch an das Wort Deiner Mission von S. 17

IDEENRAUM

Male, zeichne und schreibe alles auf,
was Dir durch den Kopf geht.

SCHRITT 4
FINDE DEINE FARBEN

MEHR ALS ROT, GRÜN UND BLAU ...

KLEINE FARBENLEHRE & FARBWIRKUNGEN

WIE FARBEN UNS BEEINFLUSSEN KÖNNEN

Farben wirken sehr stark auf Dein Unterbewusstsein. Sie können Deine kompletten Gefühle verändern. Jede Farbe symbolisiert eine Eigenschaft oder ein Gefühl, welches Dein Unterbewusstsein deuten kann.

Dein Unternehmen drückt ganz bestimmte Eigenschaften und Gefühle aus (Deine drei Wörter!). Diese kannst Du durch Farben sichtbar machen. Unternehmensfarben geben Dir also die Möglichkeit, Deine Zielgruppe im Unterbewusstsein anzusprechen und sie dadurch unbewusst auf Dein Unternehmen aufmerksam zu machen.

Wenn Farben gezielt eingesetzt werden, dann machen sie den größten Teil der Wirkung Deines Designs aus.

Fühlt sich Deine Zielgruppe im Unterbewusstsein sofort mit Deinem Unternehmen identifiziert, dann merkt sie sich schneller Dein Unternehmen und baut eine Beziehung zu Dir auf.

Beispiel

Am einfachsten spürst Du die Wirkung von Farben, wenn Du in zwei unterschiedlich gestrichene Räume gehst.

Der erste Raum ist in einem sonnigen Gelb gestrichen. Dieser wird sich warm anfühlen, freundlich und familiär.

Wenn Du dann in einen Raum gehst, der blau gestrichen ist, spürst Du einen deutlichen Kontrast. Der blaue Raum wird sich deutlich kälter und frischer anfühlen.

Deswegen wird ein Gelbton eher für Wohnräume empfohlen und ein Blauton eher für das Schlafzimmer.

FINDE DEINE FARBEN

freundlich, warm, leicht, frisch, egoistisch, grell	lebhaft, Energie, Dynamik, laut, Optimismus	warm, heiss, temperamentvoll, Leidenschaft, Wut, Hass	Idealismus, Ordnung, kreativ, jung, freundlich, ausdrucksstark
geistige Offenheit, Freiheit, distanziert, kühl, persönlich	eisig, kalt, klar, frisch, aktiv, jung	ruhig, ausgeglichen, sachlich, entspannt, kalt, nass	Würde, Mystik, Schutz, Esoterik, stolz, arrogant, geheimnisvoll
natürlich, gesund, frisch, aktivierend, ruhig, zufrieden	neutral, zurückhaltend, langweilig, unsicher, Kombinationsfarbe	seriös, sachlich, traurig, dominant, schwer, edel, böse	rein, neu, vollkommen, klar, leicht, leise, Weisheit

WIE FINDEST DU DEINE FARBEN?

NIMM DEN FARBTOPF IN DIE HAND!

Hast Du Deine Wörter neben Dir liegen? Gut, denn jetzt kommen sie das erste mal zum Einsatz.

Schreibe Deine drei Wörter auf der nächsten Seite auf und wähle dann passend dazu Deine Farben. Nutze dafür zum Beispiel Buntsstifte, Filzstifte oder Wasserfarbe.

Ab jetzt darfst und sollst Du Dich kreativ ausleben. Dafür ist das Buch schließlich da.

Deine Wörter kannst Du dabei mit den Wörtern in den oberen Kästen vergleichen. Wo lässt sich Dein Wort einfügen? Zu welcher Farbe passt es?

FINDE DEINE FARBEN

— *Beispiel* —

> *feminin*

DEINE WÖRTER

DEINE FARBEN

WIE DU FARBEN GENAUER DEFINIERST

EINDEUTIGE FARBWERTE - GLEICHES AUSSEHEN IST PFLICHT!

Mit Farben zu experimentieren macht Spaß - keine Frage. Aber Du brauchst für Dein Design später klare Farbangaben. So kannst Du die Farben immer in den gleichen Tönen verwenden und hast ein einheitliches Aussehen. Deswegen nimmst Du Dir am besten das Workbook und setzt Dich damit an den Rechner. Du kannst dort, in Deinen Grafikprogrammen, die Farben genau auswählen. Nutze die Farbauswahl und wähle sie so genau wie möglich aus, um Deine Farben hier im Workbook zu treffen.

1. WÄHLE FARBEN FÜR DRUCKPROJEKTE

Diese sind immer mit Cyan, Magenta, Yellow und K (Schwarz) angegeben:

-> Beispiel: C0 M60 Y25 K5

2. WÄHLE FARBEN FÜR BILDSCHIRMPROJEKTE

Diese sind immer mit R (Rot), G (Grün) und B (Blau) angegeben:

-> Beispiel: R219 G103 B123

3. WÄHLE FARBEN FÜR WEBDESIGN

Diese sind immer mit den Hexadezimalzahlen angegeben:

-> Beispiel: #e87f8e

Für 1 Farbe solltest Du am Ende die drei Farbangaben haben.

IDEENRAUM

Male, zeichne und schreibe alles auf,
was Dir durch den Kopf geht.

SCHRITT 5
FINDE DEINE SCHRIFTART

VON SCHREIBSCHRIFT UND SERIFEN ...

KLEINE SCHRIFTLEHRE & SCHRIFTWIRKUNGEN

EINFACH LESBAR ODER NICHT?

Schriften sind ein Stilmittel, um Dein Design mit Worten zu füllen. Es ist wichtig die Schrift ebenfalls passend zum Unternehmen auszuwählen, da durch das Aussehen der Schrift die Wirkung des gesamten Designs beeinflusst wird. Ebenfalls ist die Schriftart maßgeblich dafür, ob Deine Texte lesbar sind oder nicht. Deswegen ist es wichtig klare Schriftarten für die längeren Texte zu nehmen (Fliesstexte). Aber auch die Überschriften sollten lesbar sein, sonst wendet sich Deine Zielgruppe schnell wieder ab.

Art	Art
SERIFENLOS - SANS SERIF -	**Mit Serifen**
Wirkung	Wirkung
modern schlicht einfach	edel antique traditionell
Schriftnamen	Schriftnamen
Helvetica | Arial Myriad Pro | Verdana	Baskerville | Times New Roman Minion Pro | Didot

FINDE DEINE SCHRIFTART

Art	Art
Handschriften	**DEKORATIV**
Wirkung	**Wirkung**
persönlich kreativ verspielt	individuell kreativ kunstvoll
Schriftnamen	**Schriftnamen**
Awesome Darling | Honey Script Hand test | Crafty Girls	ABYS | LouisaCP Master of Break | Atelier Omega

WIE FINDEST DU DEINE SCHRIFTART?

STIFT IN DIE HAND UND LOS GEHTS!

Jetzt brauchst Du wieder Deine Wörter neben Dir und dann geht es los:

Schreibe Deine drei Wörter auf der nächsten Seite auf und wähle dann passend dazu Deine Schriftart aus.

Du kannst Dich an den Schriftarten auf dieser und der linken Seite orientieren. Wo kannst Du Deine Wörter am besten zuordnen? Bei Schriften solltest Du noch beachten, dass Du 1-2 Schriften wählst. Eine für längere Texte und eine für Überschriften oder Hinweise.

Mehr dazu zeige ich Dir auf den nächsten Seiten.

FINDE DEINE SCHRIFTART

— *Beispiel* —

| klar ⟩ | Helvetica Neue |

Du kannst die Schriftart auch mit den Schriften vergleichen,
die Du an Deinem Rechner verwenden kannst.

DEINE WÖRTER DEINE SCHRIFTART

WIE DU DEINE SCHRIFTART GENAU DEFINIERST

EINZELN ODER ALS KOMBINATION

Bei Schriften sehe ich immer wieder den Fehler, dass viel zu viele verschiedene verwendet werden.

Du solltest Dich auf 1-2 Schriften festlegen, die Du in Deinem Design verwendest. Nur so stellt sich im gesamten Design eine klare Linie ein.

Du brauchst für bestimmte Textbereiche unterschiedliche Schriftarten bzw. Schriftschnitte (Regular, Bold, Kursiv). So schaffst Du Unterschiede im Schriftbild und damit eine bessere Lesbarkeit der Texte.

WELCHE SCHRIFT IST WOFÜR?

GESCHWUNGENE HEADLINES UND KLARE FLIESSTEXTE

Wann kannst Du welche der gezeigten Schriften, der vorigen Seiten, anwenden?

Schriften ohne Serien oder mit Serifen lassen sich gut für längere Texte verwenden. Sie erzeugen ein klares Gesamtbild und geben den Leser so die Möglichkeit den vorliegenden Text leicht und flüssig zu lesen. Denn jeder Leser möchte, dass es einfach ist einen Text zu lesen und, dass er nicht jeden Buchstaben erst minutenlang entziffern muss.

Bei Headlines (Überschriften) bist Du etwas freier. Doch achte auch dort darauf, dass Du eine lesbare Schrift wählst. Denn die Headline ist immer der Blickfang, um den Leser festzuhalten und zum Weiterlesen zu motivieren.

EINE SCHRIFTART VERWENDEN

Helvetica Neue

ICH BIN EINE HEADLINE
Ich bin eine Subline

Ich bin der Fließtext - Ipid mo mi, cora anima conseque si consend aectore ptaeptur as doluptibea dolorer feritiust am ne coribus nam ipiet hicipsam as vere excerum harum ipicid ea doluptusam, tota volori tessiti ium il ium estrum fugitae veri officii squ

Ich bin ein Zitat id mo mi, cora anima conseque si consend aectore ptaeptur as doluptibea dolorer feritiust am ne coribus nam ipiet hicipsam.

- Zitat am Rande

Weitere Beispiele / Schriftschnitte

BoldRegular RegularKursiv

LightRegular Light**BoldItalic**

BOLDREGULAR LIGHTLIGHTITALIC

ZWEI SCHRIFTARTEN VERWENDEN

Helvetica Neue + *Master of Break*

Ich bin eine Headline
Ich bin eine Subline

Ich bin der Fließtext - Ipid mo mi, cora anima conseque si consend aectore ptaeptur as doluptibea dolorer feritiust am ne coribus nam ipiet hicipsam as vere excerum harum ipicid ea doluptusam, tota volori tessiti ium il ium estrum fugitae veri officii squ

> Ich bin ein Zitat pid mo mi, cora anima conseque si consend aectore ptaeptur as doluptibea dolorer feritiust am ne coribus nam ipiet hicipsam.
>
> - Zitat am Rande

Weitere Beispiele / Schriftschnitte

Schriftenin *Bold*

Regular *Master*

BOLD *Master*

Kombi Kursiv

Light & einfach

DEFINIERE DEINE SCHRIFTART

ICH BIN EINE HEADLINE
Ich bin eine Subline

Ich bin der Fließtext - Ipid mo mi, cora anima conseque si consend aectore ptaeptur as doluptibea dolorer feritiust am ne coribus nam ipiet hicipsam as vere excerum harum ipicid ea doluptusam, tota volori tessiti ium il ium estrum fugitae veri officii squMet landebit eos eum es ratatiis enis alitatusci ium quam nosae volo vercillicia consedi arcienimi, quam facearum, venda ditat maioriones doluptas a quate porit esequis arumquam doluptur? Quid ellenis eos aborepror recepudam ut etur? Luptaer ibustibusae velest vel millaccaerum excerferum res exerupt atemporist.

> *Ich bin ein Zitat - tIpid mo mi, cora anima conseque si consend aectore ptaeptur as doluptibea dolorer feritiust am ne coribus nam ipiet hicipsam.*
>
> *- Zitat am Rande*

WELCHE SCHRIFT WILLST DU WOFÜR VERWENDEN?

....

....

....

....

....

IDEENRAUM

Male, zeichne und schreibe alles auf,
was Dir durch den Kopf geht.

SCHRITT 6
FINDE DEINE FORMEN

BIST DU RUND ODER ECKIG?

FINDE DEINE FORMEN

KLEINE FORMENLEHRE & FORMENWIRKUNGEN

BIST DU DER ECKIGE ODER DER RUNDE TYP?

Formen können einen Raum in Deinem Design schaffen, oder bestimmte Bereiche eingrenzen. Ebenfalls nutzt Du sie, um Deine Bilder ästhetisch zu platzieren und den Fokus des Blickes auf bestimmte Bereiche zu lenken. Formen kannst Du alleine einsetzen, oder mit ihnen optische Kontraste erzeugen. Zum Beispiel durch den Nutzen von einem Rechteck und einem Kreis.

QUADRAT

Neutral, aktiv, modern, ruhig, ausgeglichen, eckig

RECHTECK LIEGEND

entspannt, statisch, Weite, begrenzend, liegend, groß, hart

RECHTECK STEHEND

dynamisch, eng, aktiv, stehend, aufrecht, hoch

KREIS

dynamisch, rundlich, weich, zart, leicht, geschlossen

ELIPSE

gedehnt, schwer, altmodisch, antik, offen, weit, gedrückt

FINDE DEINE FORMEN

SECHSECK
konstant, stehend, ausgeglichen, eng, modern, technisch

spitz, eng, hart, auffallend, sticht heraus, richtungsweisend
DREIECK

LINIE
leicht, einfach, klar, modern, zart, zielführend, trennend, hart

FREIFORM
leicht, frei, bewegt, wandelbar, offen, geschlossen, flüssig, individuell

WIE FINDEST DU DEINE FORMEN?

RAUM FÜR DEINE KUNST

Du hast die Wörter schon neben Dir liegen? Dann gehts hier weiter:

Schreibe Deine drei Wörter auf der nächsten Seite auf und wähle dann passend dazu Deine Formen aus.

Bei den Formen ist es ähnlich, wie bei den Schriften: Lieber 1-2 Formen wählen anstatt das ganze Design voll mit unterschiedlichen Formen zu packen. Harmonisch wirken zum Beispiel Rechtecke oder Quadrate mit Kreisen oder Elipsen. Dadurch nimmst Du im Design die Härte des Rechtecks heraus.

Beispiele auf den nächsten Seiten.

FINDE DEINE FORMEN

--- *Beispiel* ---

weich → ● ● ● ● ●

Lasse die Formen alleine oder zusammen wirken. Dadurch schaffst Du eine Dynamik im Design, welches das Auge des Betrachters erfreut.

DEINE WÖRTER　　　　## DEINE FORMEN

WIE DU DEINE FORMEN FESTLEGST

WANDELBAR UND DOCH EINDEUTIGES ERKENNUNGSMERKMAL

Formen bieten Dir eine Möglichkeit das Unterbewusstsein Deiner Zielgruppe noch mehr zu reizen. Denn Formen beeinflussen das gesamte Aussehen des Designs.

Wichtig ist dabei, dass Du die Formen festlegst und dann in jedem Design für Deine Werbemittel anwendest. Jeder Flyer sollte zum Beispiel den Kreis beinhalten, der noch mal einen Tipp oder Hinweis gibt.

FORMEN BAUEN DAS DESIGN AUF

ORDNUNG UND KLARHEIT

Die Formen dienen nicht nur als einzelne Elemente für Hinweise. Formen bestimmen auch das Papierformat (DIN A4 - hoch oder quer, rund, quadratisch). Formen sind also ein wichtiges Element auf das Du bei Deinem Design achten musst. Schon bevor Du überhaupt etwas auf Deinen Flyer setzt. Je nachdem, welches Format Du für Deinen Flyer auswählst, desto unterschiedlicher ist die Wahrnehmung und Botschaft des Designs. Dann erst gehst Du an das Design und verwendest dort die Formen, die Du hier festlegst. Später brauchst Du dies ebenfalls, um Deine Bilder in das Layout einzufügen.

Du siehst, dass Formen von der ersten Minute des Designprozesses wichtig sind, um am Ende Deine Botschaft wirkungsvoll zu vermitteln.

Beispiele auf der nächsten Seite.

IDEENRAUM

Male, zeichne und schreibe alles auf,
was Dir durch den Kopf geht.

SCHRITT 7
FINDE DEINE BILDER

EMOTIONEN ZEIGEN!

FINDE DEINE BILDER

KLEINE BILDLEHRE & BILDWIRKUNGEN

EMOTIONEN WECKEN UND GEFÜHLE AUSSTRAHLEN

Bilder sind Deine Möglichkeit mehr von Dir und Deinen Leistungen zu zeigen. Bilder wirken sofort bei Deiner Zielgruppe und schaffen einen Bezug zu Dir. Die Beziehung zu Deiner Zielgruppe kann durch Bilder verstärkt werden, da stärkere Gefühle und damit Emotionen von Deinem Design ausgesendet werden. Wenn Du nur sagts, dass Du lachst, ist das etwas anderes, als wenn man Dein Lachen als Bild sieht. Dann verbindet man sich mit Dir, weil Dein Lachen ansprechend findet.

BILDER ANWENDEN

Bei der Bildgestaltung musst Du mehrere Dinge beachten. Einmal brauchst Du die Hauptform des Bildes, dann muss das jeweilige Thema des Bildes durch den Bildausschnitt richtig hervorgehoben werden und es muss zum restlichen Inhalt des Designs passen, zum Beispiel in Bezug auf die Farben.

GESAMTWIRKUNG VON BILDERN

Nicht immer passt ein Bild zu Deinem Design. Es kann unterschiedliche Wirkungen haben, je nachdem, wie die Farben des Bildes und die Lichtverhältnisse sind. Ein dunkles Bild wirkt gedrückter, als ein farbenfrohes. Deswegen solltest Du Dir darüber Gedanken machen, wie die Gesamtwirkung Deiner Bilder zu Deinem Design passen kann.

WIE FINDEST DU DEINE BILDER?

ZEIG DICH, DEIN UNTERNEHMEN UND DEINE PRODUKTE

Bei der Bildauswahl helfen Dir Deine Wörter ebenfalls. Jedoch musst Du diesmal, wie oben schon erwähnt, auf viel mehr achten. Auf der nächsten Seite findest Du eine Liste, an der Du dich orientieren kannst.

Wenn Du Bilder aus dem Internet nutzen möchtest, dann achte darauf, dass diese von Dir mit Lizenz gekauft und für Deine Sache nutzbar sind. Das ist sehr wichtig, da Du nicht einfach irgendwelche Bilder aus dem Internet nutzen darfst. Du kannst zum Beispiel bei Fotolia oder Shutterstock Bilder kaufen. Schaue Dir genau die Nutzungsbedingungen an, weil Du Copyright-Rechte beachten musst.

FINDE DEINE BILDER

WAS MUSST DU BEI BILDERN BEACHTEN?

1. FORMAT
HOCHFORMAT, QUERFORMAT, QUADRATISCH, RUND, ECKIG

2. BILDAUSSCHNITT
AUF WAS WILLST DU DEN FOKUS LEGEN? WAS IST IN DEM BILD WICHTG?

3. BILDTHEMA
SPIEGELT DAS THEMA DEINE BOTSCHAFT, MISSION WIEDER? SPRICHT ES DEINE ZIELGRUPPE AN?

4. BILDFARBEN
SIND DIE FARBEN PASSEND ZU DEINEM DESIGN? SIND SIE ZU GRELL ODER ZU DUNKEL?

5. LICHTVERHÄLTNISSE
PASST ZU DEINEM DESIGN EIN HELLES ODER EIN DUNKLES BILD?

6. HINTERGRUND
IST DAS WICHTIGE OBJEKT DES BILDES GUT SICHTBAR ODER STÖRT DER HINTERGRUND?

7. SPANNUNG ERZEUGEN /EMOTIONEN
IST DAS BILD SPANNEND? SPRICHT ES DEINE ZIELGRUPPE ÜBER EMOTIONEN AN?

8. WAS MUSS DRAUF ZU SEHEN SEIN?
DEINE PRODUKTE, DU SELBST, DEIN UNTERNEHMEN, ARBEITSSCHRITTE, ZIELGRUPPE ETC.

9. ZEIGT DAS BILD DEINE BOTSCHAFT?
IST ES AUCH FÜR FREMDE PERSONEN LEICHT ZU VERSTEHEN ODER VERSTEHST NUR DU ES?

WIE DU DEINE BILDER FESTLEGST

EINE KLARE LINIE AN EMOTIONEN ERSCHAFFEN

Beantworte Dir die Fragen auf der vorigen Seite so gut Du kannst. Anhand der Fragen kannst Du dann Deine Bilder heraussuchen und schauen, welche Deine Botschaft am besten vermitteln.

Wichtig ist dabei der Blick von Aussen. Denke aus der Sicht Deiner Zielgruppe: Was möchte sie hier sehen? Was spricht sie an? Diese Fragen solltest Du Dir immer bei Deinem Design stellen, aber gerade bei den Bildern ist es besonders wichtig.

Wenn Du Bilder von Dir und Deinem Unternehmen zeigst, dann versuche sie so darzustellen, dass sie wirklich Dich zeigen. Verstell Dich nicht zu sehr, achte auf Dein Aussehen und eine freundliche Aussage.

Sei Du selbst!

Ich finde ein Design spiegelt erst 100%-ig Dich und Dein Unternehmen wieder, wenn Du irgendwo sichtbar bist. Viele Unternehmer verstecken sich hinter einem schönen Design. Sei Du die Person, die ein freundliches Bild von sich zeigt. So baust Du eine direkte Beziehung zu Deiner Zielgruppe auf.

FINDE DEINE BILDER

1. DEINE PORTRAITS VON DIR
VERSCHIEDENE AUSSCHNITTE, STEHEN UND SITZEN, BUSINESS UND CASUAL

2. WÄHREND DER ARBEIT/PRODUKTION
WIE STELLST DU ETWAS HER? WO ARBEITEST DU?

FINDE DEINE BILDER

3. PRODUKTBILDER, BILDER VOM UNTERNEHMEN
BILDER FÜR DEN VERKAUF, INFOBILDER, GEBÄUDE, RÄUME

4. EMOTIONSVOLLE BILDER FÜR WERBUNG
ENTWEDER MIT DIR, BEISPIELKUNDEN ODER BILDER DIE DEINE ZIELGRUPPE ZEIGEN

IDEENRAUM

Male, zeichne und schreibe alles auf,
was Dir durch den Kopf geht.

SCHRITT 8
DEIN DESIGN ENTSTEHT

EMOTIONEN ZEIGEN!

DEIN DESIGN ENTSTEHT

WAS HAST DU BISHER ALLES GEMACHT?

UND WO FÜHRT DICH DAS HIN?

Wow! Du bist bis hier gekommen und hast alles durchgearbeitet. Respekt! Denn das waren alles keine einfachen Sachen. Sie kosten Zeit, Gedanken und Energie, aber Du hast es geschafft. Jetzt schauen wir beide uns noch einmal an, was Du alles für Dein Design herausgefunden hast.

Danach fügen wir alles zusammen und ich zeige Dir, wie Du daraus Layouts gestalten kannst.

Und los!

1. DU HAST DEINE MISSION ERKANNT
UND DAMIT ERKANNT, WAS DU WIRKLICH MACHEN MÖCHTEST - DEIN ZIEL!

2. DU HAST DEINE ZIELGRUPPE GEFUNDEN
UND DAMIT HERAUSGEFUNDEN, WEM DU WIRKLICH HELFEN WILLST - DEINE TRAUMKUNDEN!

3. DU HAST DEINE BOTSCHAFT DEFINIERT
UND KANNST JETZT KLAR SAGEN, WER DU FÜR WEN BIST - DEINE EINZIGARTIGKEIT!

4. DU HAST DEINE FARBEN GEFUNDEN
UND WEISST JETZT WIE BUNT DU BIST!

5. DU HAST DEINE SCHRIFTARTEN GEFUNDEN
UND VERLEIHST DEINEN TEXTEN JETZT DEN SCHÖNSTEN STYLE!

6. DU HAST DEINE FORMEN GEFUNDEN
UND BRINGST DIESE JETZT GEZIELT IN DEINEM DESIGN ZUR GELTUNG!

7. DU HAST DEINE BILDER GEFUNDEN
UND WEISST JETZT WIE DU DEINE ZIELGRUPPE MIT EMOTIONEN EINFÄNGST!

DEIN DESIGN ENTSTEHT

WIE SICH ALLES ZUSAMMENFÜGT

Du hast jetzt die einzelnen Elemente für Dein Design gefunden. Aber wir sind noch nicht am Ende dieses Buches angelangt. Denn jetzt musst Du Deine Elemente zu einem Design zusammen setzten. Dabei kann es passieren, dass Du manche Sachen noch etwas anpassen musst, um so ein einheitliches und klares Bild zu erschaffen. Menschen lieben es schöne Dinge anzusehen. Deswegen kommen wir jetzt zu dem Punkt, an dem wir auf die Schönheit Deines Designs achten werden.

SCHÖNHEIT LIEGT IM AUGE DES BETRACHTERS

KANN MAN ETWAS BEWUSST SCHÖN GESTALTEN?

Ja! Design hat bestimmte Funktionen und braucht bestimmte Regeln, damit es schön wirkt. Es muss zum Beispiel harmonisch wirken, in allen Bereichen. Deswegen fügst Du im nächsten Schritt alle Designelemente zusammen und schaust auf die Gesamtwirkung. Du wirst, um ein einheitliches Design zu haben, immer fast alle Elemente zusammen nutzen. Nur so schaffst Du ein Design, welches immer einheitlich aussieht und in Erinnerung bleibt.

Hier legst Du also fest, wie Dein Corporate Design aussehen soll. Dein Unternehmen wird dadurch noch mehr zu einer einzigartigen und unverwechselbaren Marke. Denn Du zeigst durch Dein Design, was Du mit Deinem Unternehmen lebst. Darum ist es so wichtig, dass Du Dir zuerst über Deine Mission, Zielgruppe und Botschaft bewusst wirst. Nur so kannst Du Dein Design am Ende zu einer Marke werden lassen, die wirklich Dich wiederspiegelt.

DEIN DESIGN - ZUSAMMENFASSEN

FASSE ALLES ZUSAMMEN

So hast Du auf den folgenden Seiten immer wieder einen kompletten Überblick. Dies nennt man „Design Manual". Du kannst darauf immer wieder zurück kommen, um zu sehen wie Du es von Anfang an geplant hast.

Ebenfalls ist es sinnvoll, falls jemand anderes mal Dein Design gestalten soll. Du kannst Deine ganzen Informationen dann in einem übermitteln und derjenige kann mit Deinem Design beginnen.

DEINE MISSION

DEINE ZIELGRUPPE

DEINE BOTSCHAFT

DEIN DESIGN - DESIGN MANUAL

DEINE FARBEN (FARBWERTE)

DEINE SCHRIFTEN

DEINE FORMEN

DEINE BILDER

DEIN DESIGN ENTSTEHT

REFLEKTIERE NOCH EINMAL
PASST DAS DESIGN ZU DIR UND DEINEM UNTENEHMEN?

Jetzt kommt der Punkt, an dem Du Dich einmal entspannt zurück lehnen kannst. Schaue Dir Dein komplettes Design genau an. Passt alles zusammen?

1. PASSEN DIE FARBEN ZU DEN BILDERN?
Harmonisieren die Farben mit den Bildern oder müssten die Bilder farblich angepasst werden?

2. FÜGEN SICH DIE BILDER HARMONISCH MIT DEN FORMEN ZUSAMMEN?
Kannst Du die Bilder in die Formen einsetzten und dann trotzdem den Fokus des Bildes hervorheben?

3. WIRKEN DIE SCHRIFTARTEN ZUSAMMEN EINHEITLICH, WIE EIN TEAM?
Passen die Schriftarten zusammen oder wirken sie zusammenhanglos und müssen geändert werden?

4. PASSEN DIE FARBEN ZUEINANDER?
Sind alle Farben zueinander harmonisch und ergänzen sich optisch?

5. HAST DU 1-3 FARBEN, 2 SCHRIFTARTEN UND 1-3 FORMEN GEWÄHLT?
Versuche nicht zu viele unterschiedliche Elemente in ein Design zu packen, damit es klarer wirkt.

6. FINDEST DU ES ZUSAMMEN SCHÖN?
Wie ist Dein Eindruck? Findest Du das Design schön und schaust es gerne an? Löst es Gefühle in Dir aus?

7. KANNST DU DIR VORSTELLEN DIESES DESIGN STOLZ ZU ZEIGEN?
Würdest Du gerne sofort Dein Logo und Deine Flyer, Webseite etc. mit dem neuen Design gestalten?

8. KÖNNTEST DU NOCH ETWAS VERBESSERN?
Falls Frage 7 mit nein beantwortet ist: Was könntest Du verändern, damit Du stolz auf das Design bist?

9. SPIEGEL ES DEINE MISSION, ZIELGRUPPE UND BOTSCHAFT WIEDER?
Drückt das Design das aus, was Du als Ziel hast? Spricht es Deine Zielgruppe an?

FEEDBACK HOLEN!

WAS SAGEN ANDERE?

Du kannst Dein Design für Dich perfekt aufgebaut haben, aber am Ende muss es Deine Zielgruppe ansprechen. Denn Deine Zielgruppe wird zu den Personen, die am Ende Deine Leistungen kaufen. Deswegen ist es wichtig, dass Du Dir Feedback holst. Am besten aus unterschiedlichen Richtungen. Denn so schaffst Du Dir einen Überblick, wie Dein Design auf unterschiedliche Personen wirkt und bei wem es funktioniert.

Wer fühlt sich davon angesprochen?

WO KANNST DU FEEDBACK EINHOLEN?

Ich empfehle Dir Feedback von aussenstehenden Personen zu holen. Deine Familie und Freunde möchten Dich eher unterstützen und sagen vielleicht zu schnell: Ja, das ist schön.

Da es hier aber um Dein Markendesign geht, ist es wichtig, dass Du eine ehrliche Meinung erhältst, die neutral ist.

Fragen kannst Du zum Beispiel:

1. PERSONEN IN DEINEM NETZWERK

2. PERSONEN DIE EBENFALLS SELBSTSTÄNDIG SIND

3. IM SOCIAL MEDIA: Zum Beispiel in meiner Facebookgruppe „Bock auf grenzenloses Marketing" - Zusammen mit Maria und unserer Community helfen wir Dir bei Deinem Grafikdesign und Onlinemarketing.

4. DEINE ZIELGRUPPE DURCH UMFRAGEN

DEIN DESIGN ENTSTEHT

WAS IST DEIN NÄCHSTER SCHRITT?

DEIN DESIGN ZEIGEN

Du hast jetzt alles zusammen, womit Du Deine Werbemittel gestalten kannst. Deine Farben stehen fest, Deine Schriftart ist klar, Deine Bilder hast Du ausgewählt und auch Deine Formen liegen griffbereit.

Jetzt ist es an der Zeit, dass Du Dein Design anwendest. Ich fange immer bei dem Logo für meine Kundinnen an. Denn das Logo ist ihr Bild, welches alles von Ihnen vereint.

Genauso kannst Du das Logo bei Dir sehen: Es wird jetzt Deine Mission, Zielgruppe und Botschaft als Design vereinen.

Sobald das Logo entwickelt ist, empfehle ich Dir Dich mit der Strategie für Deine Werbung auseinander zu setzen. Welche Werbemittel brauchst Du? Um die folgenden Schritte umzusetzen brauchst Du Kenntnisse in den Grafikprogrammen. Ich nutze für alle meine Designs die Adobe Programme:

Adobe Indesign, Adobe Illustrator und Adobe Photoshop.

Danach gehst Du an Deine Dokumente: Visitenkarten, Briefbogen und weitere Dinge, die Dein Unternehmen einheitlich aussehen lassen. Erschaffe Dir ein Gesamtbild und lass es durch Deine Dokumente sprechen.

Hast Du diese soweit fertig, kommst Du zu dem beliebtesten Punkt: Dem Gestalten von Flyern und weiteren Werbemitteln.

Es ist der Moment, in dem Du Dich und Deine Produkte zeigst. Von Deiner besten Design-Seite natürlich.

DESIGNPROZESS - SCHRITT FÜR SCHRITT

1. WOHIN SOLL DIE REISE GEHEN?
Mission - Zielgruppe - Botschaft

2. WIE SOLL´S DANN AUSSEHEN?
Farben - Schriften - Formen - Bilder

3. ENTWERFE 1 BILD DEINER MARKE
Logoentwicklung

4. STRUKTURIERE DEIN GESAMTES VORGEHEN
Strategie für Deine Werbung

5. SUCH DIR DIE RICHTIGEN WERKZEUGE
Programme kennen lernen

6. SCHAFF DIR EINHEITLICHE DOKUMENTE
Visitenkarte, Briefbogen & Co.

7. ZEIG DICH UND DEINE PRODUKTE
Flyer, Plakate & Broschüren

IDEENRAUM

Male, zeichne und schreibe alles auf,
was Dir durch den Kopf geht.

SCHRITT 9
LAYOUTS ENTWICKELN
BEISPIEL VISITENKARTE

LAYOUTS ENTWICKELN

WAS SIND LAYOUTS

IDEEN SICHTBAR WERDEN LASSEN

Eine Idee nur in Deinem Kopf bringt Dir nichts. Deswegen geht es in diesem Kapitel darum, Deine Ideen sichtbar werden zu lassen.

Beim Grafikdesign geschieht dies durch Layouts. Diese werden in den meißten Fällen erst einmal von Hand gezeichnet oder geschribbelt und dann am Rechner ausgearbeitet.
Du kannst aber auch direkt am Rechner beginnen. Es kommt immer darauf an, welche Idee Du umsetzen möchtest und wo Du sie am besten umsetzen kannst.

Jetzt kannst Du Dir wieder ein paar Stifte und Papier zur Hand nehmen. Es sollten die Farben Deines Designs mit dabei sein, damit Du diese in das Layout mit einbringen kannst.

VISITENKARTE LAYOUTEN

WIE GEHST DU VOR?

Als Beispiel möchte ich Dich einmal dazu inspirieren eine Visitenkarte zu layouten. Daran erkennst Du genau die ersten Schritte, wie Du Dein Design sichtbar werden lässt.

Auch hier gilt erstmal: Nicht einfach drauf los! Mit einem Plan gelangst Du schneller zu Deinem Endlayout. Und das brauchst Du ja, um Deine Visitenkarte am Rechner umzusetzen.

1 INHALT
Was muss alles auf die Visitenkarte drauf?

2 GRÖSSE UND SEITENANZAHL
Bei Druckerei nachsehen, welches Format und wieviele Seiten es sein sollen

3 WELCHE DESIGNELEMENTE ZEIGEN DEIN DESIGN?
Nutze Deine Farben, Schriften, Formen und Bilder

4 2-3 ENTWÜRFE LAYOUTEN
Unterschiedliche Layouts, um besser wählen zu können

5 FEEDBACK HOLEN
Wie sehen andere mein Layout? Passt es zur Zielgruppe

6 UMSETZEN AM RECHNER
Dein gezeichnetes Layout am Rechner umsetzen.

7 DRUCKEN LASSEN
Lasse Deine Visitenkarten professionell in einer Druckerei drucken

LAYOUTS ENTWICKELN

INHALT DEINER VISITENKARTE FINDEN

1. NAME DEINES UNTERNEHMENS

2. DEIN VOR- UND NACHNAME

3. POSITION, AUFGABENBEREICH

4. KONTAKTDATEN: E-MAIL, TELEFONNUMMER, FAXNUMMER ETC.

5. ANSCHRIFT VOM UNTERNEHMEN

6. WEBSEITE

7. ANSPRECHENDES BILD VON DIR

8. SLOGAN

9. LEISTUNGEN

10. CALL-TO-ACTION: HANDLUNGSAUFFORDERUNG

11. SOCIAL-MEDIA-KONTAKTDATEN

Wichtig

Du musst nicht alle genannten Punkte auf Deine Visitenkarte bringen. Dies sind Beispiele. Allerdings sind Kontaktdaten zu Dir wichtig. Eine Visitenkarte gibst Du heraus, damit die Person sich an Dich erinnert und mehr Informationen von Dir erhalten kann.

Vorallem die Punkte 1-7 sind wichtig, um genug Informationen über Dich zu haben. So fällt es der Person leicht sich an Dich zu erinnern (Foto -> Name -> Position). Sie weiß dann genau, wo sie Dich einordnen kann und welchen Nutzen sie hat, wenn sie Dich kontaktiert.

GRÖSSE BZW. FORMAT DEINER VISITENKARTE

Bei einer Visitenkarte solltest Du das Format nicht unterschätzen. Sagt es doch direkt so viel aus über Dein Unternehmen. Es ist außerdem wichtig, damit Du Dich von anderen Visitenkarten gezielt abheben kannst. Ich achte bei dem Format darauf, welche Formen sich für meine Kunden ergeben haben. Deswegen habe ich schon mehr als nur die Standard-Visitenkarten gestaltet: quadratische, runde oder figürlich gestanzte waren ebenfalls dabei.

WELCHE ARTEN GIBT ES?

1. STANDARDGRÖSSE: 85x55 mm im Hoch- oder Querformat

2. QUADRATISCH: z.B. 55x55 mm - diese Größe ist variabel

3. RUND: z.B. Durchmesser 6 mm - diese Größe ist variabel

4. FIGÜRLICH: passend zu einem bestimmten Symbol, welches Dein Unternehmen charakterisiert oder die Aussage Deiner Botschaft unterstreicht.

5. SEITENANZAHL: Du kannst 2 Seiten nehmen, aber auch 4 Seiten, falls Du einfach mehr zu zeigen hast. ;-)

VEREDELUNGEN FÜR DAS BESONDERE HIGHLIGHT!

Visitenkarten sind ein tolles Element Deines Corporate Design, um Veredelungen einzusetzen, die nach dem Druck aufgebracht werden. Dies kannst Du schon im Layoutprozess mit einplanen: Lack, Gold & Silber, Gestanzt oder Geprägt.

LAYOUTS ENTWICKELN

DEINE DESIGNELEMENTE ZURECHT LEGEN

& PASSENDE STIFTE AUSWÄHLEN

Du hast in diesem Workbook Dein Design gefunden. Jetzt kommt es das erste Mal zum Einsatz. Juhuu! ;-)

Du nimmst Dir die Stifte und Farben, die Dein Design prägen. Es muss nicht 100%-ig genau sein, denn Du kannst es Dir soweit vorstellen. Es ist allerdings gut, wenn die Farben ähnlich sind, damit Du weiß warum Du wo welche Farbe zum Einsatz bringen möchtest.

Und los gehts!

BEISPIELE FÜR LAYOUTS VON VISITENKARTEN

FORMAT STANDARD - GRÖSSE 55X85 MM

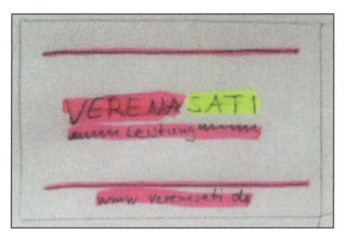

LAYOUTS ENTWICKELN

JETZT BIST DU DRAN!

LAYOUTE DEINE EIGENE VISITENKARTE

Hier hast Du jetzt Platz in 2 Formaten Deine eigenen Visitenkarten zu layouten. Also ran an die Stifte und lass Deinen Ideen freien Lauf.

Orientiere Dich an Deinem Design und setze es gezielt ein, um die Wirkung Deines Unternehmens authentisch zu zeigen.

LAYOUTS ENTWICKELN

Nachdem Du Dir aufgeschrieben hast, welche Inhalte auf Deine Visitenkarte sollen, kannst Du anfangen diese auf den Flächen anzuordnen.

Zum Beipiel immer eine Vorderseite und eine Rückseite.

Denk daran, dass Deine Zielgruppe auf einem Blick sehen muss, wer Du bist, was Du machst und für wen! (Botschaft).

Nutze auf jedenfall Deine Designelemente, um ein einheitliches gesamt Design mit Deinen Werbemitteln zu schaffen.

IDEENRAUM

Male, zeichne und schreibe alles auf,
was Dir durch den Kopf geht.

SCHRITT 10
EINE PRISE MOTIVATION

GIB NICHT AUF!

SCHAFF DIR RUHE

IDEEN BRAUCHEN ZEIT

Vielleicht sitzt Du gerade vor diesem Buch und denkst Dir: Ohje.. ich habe keine Ideen. Ich bin so unkreativ. Das schaffe ich nie ...

Was Du brauchst ist erstmal Ruhe. Natürlich gibt es Tage, an denen fliegen die Ideen nur so um Dich herum. Du weißt sofort, was Du wie umsetzen willst und kannst loslegen. Aber genauso gibt es Tage, an denen geht nichts. Das ist bei allen Dingen im Leben so, auch bei Ideen.

Wenn ich mal wieder so einen Tag erlebe, dann halte ich erst einmal inne. Setze mich an einen ruhigen Ort oder gehe spazieren.

Mache etwas völlig anderes, als das, was ich geplant habe.

Das ganze hilft mir und meinem Kopf frei zu werden und nicht so angestrengt an der Idee zu hängen. Denn, wenn Du angestrengt versuchst DIE einzigartige Idee zu finden, dann kommt sie oft nicht.

Großartige Ideen kommen in den Momenten, in denen Du nicht damit rechnest.

Also, ab heute immer Zettel und Stifte dabei haben und Deine Ideen aufschreiben!

MOTIVIERE UND BELOHNE DICH

SCHRITT FÜR SCHRITT

Denk daran, dass dieses ganze Workbook einen großen Prozess beschreibt, der gerne auch mal über mehrere Wochen laufen kann.

Es ist so wertvoll für Dein Unternehmen und jeder Schritt ist wichtig für Dich, um weiter zu kommen. Also lass Dich nicht entmutigen, wenn Du in einer Woche „nur" Deine Farben gefunden hast. Im Gegenteil, wenn Du sie hast, dann belohne Dich und schenke Dir etwas. Vielleicht sogar direkt in Deiner Design-Farbe? ;-) Das ist gut für Dich, um weiter zu machen.

Ebenfalls ist es schön, wenn Du Deinen Erfolg mit anderen teilst, deswegen hier noch mal der Hinweis auf meine Community, die ich zusammen mit Maria Fritsch leite. Dort kannst Du jeden kleinen und großen Schritt, den Du in diesem Workbook erreicht hast, mit uns teilen. Du erhältst direkt Feedback und kannst Dich dann an die nächsten Schritte wagen.

Ein Design zu entwickeln ist nicht so einfach, wie es Dir viele sagen wollen. Allerdings hoffe ich, dass Du den Weg zu Deinem Design durch dieses Workbook besser verstehst und er dadurch einfacher für Dich wird.

KOMM IN MEINE COMMUNITY AUF FACEBOOK!

Suche im Facebook nach der Gruppe:
BOCK AUF GRENZENLOSES MARKETING

EINE PRISE MOTIVATION

WIE DU IDEEN FINDEN KANNST

WENN DU MERKST, DASS SO GAR KEINE IDEE ENTSTEHT ...

Die Ruhe und Entspannung haben keine Ideen in Dir entstehen lassen? Du weißt einfach nicht mehr was Du machen sollst, damit Dein Kopf endlich DIE Idee herauspurzeln lässt? Dann habe ich hier ein Paar Tipps für Dich:

1. INSPIRATION FINDEN
In der Musik, in Büchern, der Natur, in Gesprächen mit anderen oder durch Recherche im Internet, zu Deinem Thema, kannst Du ebenfalls auf neue Ideen kommen. Wichtig ist es allerdings nicht abzugucken, sondern Deine eigene Idee daraus zu entwickeln

2. DAS THEMA ZERBRÖSELN
Nehme Dir ein Blatt Papier, schreibe das Thema oben hin und dann suche Unterthemen, danach gehe noch tiefer und suche zu jedem Unterthema weitere Themen. Als Beispiel nutze die Wüste (Das Hauptthema) -> Sandflächen (Unterthemen) -> Sandkörner (Minithemen)

3. LIES DIR DINGE ÜBER DEIN THEMA DURCH
Zum Beispiel in Büchern, die nur Dein Thema behandeln. Dadurch baust Du neues Wissen auf oder frischt Dein vorhandenes auf und kannst es für neue Ideen nutzen.

4. STELL DIR FRAGEN ZUM THEMA
Du bist Expertin auf Deinem Gebiet, deswegen kannst Du Dir einfach selbst Fragen stellen und so herausfinden was Dir wichtig ist. Oder Du liest noch einmal Deine Mission, Zielgruppe und Botschaft durch, um es tiefer einzuprägen.

5. MINDMAP ERSTELLEN

Das Thema aufteilen geht ebenfalls durch ein MindMap, welches Du zeichnen oder am Rechner erstellen kannst. Dadurch hast Du hinterher einen guten Überblick über Deine ganzen Themenfelder. (Auch gut für das Sammeln von Blogartikeln.)

6. BRAINSTORMING

Alleine oder in einer Gruppe. Du kannst dies super nutzen, um schnell Ideen aus Deinem Kopf zu filtern. Ich setze mir dafür einen bestimmten Zeitraum zwischen 5-10 Minuten und in der Zeit muss ich zum Beispiel die ganze Zeit etwas aufschreiben. Im Gespräch kannst Du das ganze direkt in der Gruppe auf ein großes Papier bringen. Am Ende hast Du eine große Liste und kannst sehen, was am Besten zu Dir passt.

7. ABC - LISTE

Schreibe auf einen Zettel das Alphabet auf. Jetzt nimmst Du Dir zu Deinem Thema jeden Buchstaben vor und schreibst das Wort auf, welches Dir einfällt. Du musst nicht nach der Reihenfolge gehen, Du kannst es auch durcheinander machen.

8. TESTE EINFACH MAL ETWAS AUS

Zum Beispiel bei den Farben oder Schriften kannst Du einfach mal verschiedene Sachen kombinieren und so zu Deinem Design finden. Das Austesten ist gut, um Dich anzuregen und Neues zu wagen. Auszubrechen aus dem alten Muster sozusagen.

DU HAST ES GESCHAFFT!

ABER NOCH NICHT GANZ ..

Moment mal, steht nicht in der Überschrift, dass Du es geschafft hast? Außerdem ist das Buch nach den nächsten Seiten zu Ende.

Ja, da liegst Du richtig! Du hast das Workbook durchgearbeitet und Dein Design gefunden. Und alleine schon, weil Du an diesem Punkt bist, bin ich super stolz auf Dich!

Allerdings hört es nicht damit auf. Denn jetzt musst Du anfangen Dein Design in Dein Unternehmen einzubringen und auf Deine Werbemittel zu übertragen. Nur dadurch kannst Du ein einheitliches Corporate Design (Branding) für Deine Marke entwickeln. Du willst Dich doch von der Masse abheben? Dann los! Ich bin gespannt, was Du durch dieses Workbook entwickelt hast und freue mich, Dich gleich in meiner Facebook-Community begrüßen zu dürfen. Stell mir und den anderen Dein Design vor.

Möchtest Du mir ein Feedback zum Buch geben? Dann geh schnell auf Amazon und hinterlasse mir eine Bewertung. Ich freue mich sehr darauf! :)

Verena Sati

Printed in Poland
by Amazon Fulfillment
Poland Sp. z o.o., Wrocław